essentials

Essentials liefern aktuelles Wissen in konzentrierter Form. Die Essenz dessen, worauf es als „State-of-the-Art" in der gegenwärtigen Fachdiskussion oder in der Praxis ankommt. Essentials informieren schnell, unkompliziert und verständlich.

- als Einführung in ein aktuelles Thema aus Ihrem Fachgebiet
- als Einstieg in ein für Sie noch unbekanntes Themenfeld
- als Einblick, um zum Thema mitreden zu können.

Die Bücher in elektronischer und gedruckter Form bringen das Expertenwissen von Springer-Fachautoren kompakt zur Darstellung. Sie sind besonders für die Nutzung als eBook auf Tablet-PCs, eBook-Readern und Smartphones geeignet.

Essentials: Wissensbausteine aus den Wirtschafts, Sozial- und Geisteswissenschaften, aus Technik und Naturwissenschaften sowie aus Medizin, Psychologie und Gesundheitsberufen. Von renommierten Autoren aller Springer-Verlagsmarken.

Thorsten Spitta · Marco Carolla
Henning Brune · Thomas Grechenig
Stefan Strobl · Jan vom Brocke

Campus-Management Systeme als Administrative Systeme

Basiswissen und Fallbeispiele zur Gestaltung und Einführung

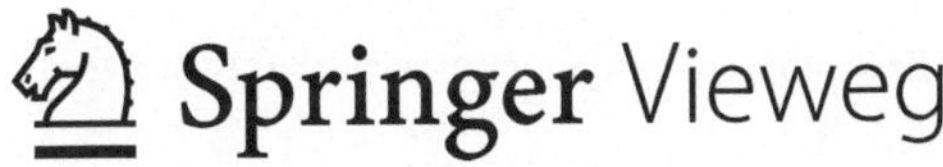

Thorsten Spitta
Marco Carolla
Henning Brune

Bielefeld
Deutschland

Thomas Grechenig
Stefan Strobl

Wien
Österreich

Jan vom Brocke
Vaduz
Liechtenstein

ISSN 2197-6708
essentials
ISBN 978-3-658-11594-4
DOI 10.1007/978-3-658-11595-1

ISSN 2197-6716 (electronic)

ISBN 978-3-658-11595-1 (eBook)

Die Deutsche Nationalbibliothek verzeichnet diese Publikation in der Deutschen Nationalbibliografie; detaillierte bibliografische Daten sind im Internet über http://dnb.d-nb.de abrufbar.

Springer Vieweg

Springer Fachmedien Wiesbaden ist Teil der Fachverlagsgruppe Springer Science+Business Media
(www.springer.com)

Vorwort[1]

Der Begriff *Campus-Management-System* (CMS) wird gerne als Marketing-Schlagwort gebraucht. Diese Schrift gibt ihm einen fassbaren Inhalt. Was gehört zu einem so benannten System und was nicht?

Da wir über Anwendungssysteme aus einer bisher kaum erschlossenen Domäne sprechen, muss Grundlegendes dazu gesagt werden, was Praktikern aus dem kommerziellen Bereich als selbstverständlich gilt, in Hochschulen aber noch weitgehend unbekannt ist. Dies wirft Fragen nach der Kompetenz der Autoren auf, die kurz beantwortet seien.

- Fünf der sechs Autoren haben Erfahrungen mit der Entwicklung und dem Betrieb produktiver Software aus der Domäne *Campus-Management*.
- Zwei von diesen fünf haben langjährige Erfahrungen mit dem Management großer Projekte und Systeme. Sie lehren Softwaretechnik an einer Universität.
- Wiederum einer dieser beiden hat 17 Jahre in Unternehmen verschiedener Größenordnungen Software entwickelt oder eingeführt und deren produktiven Betrieb geleitet.
- Der sechste Autor ist Spezialist für sog. betriebliche Prozesse, die bei der folgenden Frage im Kontext von CMS-Systemen eine wichtige Rolle spielen: *Welche Prozesse sind in Form von Software standardisierbar und welche (besser) nicht?*

---

[1] Dies ist die ursprüngliche, ausführliche Fassung des stark gekürzten Beitrags der Autoren im Informatik Spektrum [58], die im Februar 2015 erschien.

Wir denken, den nötigen Hintergrund für das Thema zu haben, und bieten den Lesern:

- Eine Darstellung der elementaren Charakteristika Administrativer Systeme, insbesondere des Zusammenspiels zwischen Software und Organisation.
- Eine Begründung, warum wir vor allem das Teilsystem *Lehre* eines CMS als *schwergewichtig* bezeichnen.
- Zwei Fallstudien der evolutionären Einführung solcher Systeme, aus denen Hochschulen einen ersten Eindruck bekommen können, was mangels ausgereifter Standardsoftware auf sie zukommt.

Trotz der „Praxisorientierung" der Autoren erwartet die Leser eine Ausarbeitung, die wissenschaftlichen Standards genügt.

Bei der Anwendungsdomäne fokussieren wir auf *deutschsprachige* Hochschulen, weil hier seit der Umstellung auf Bachelor/Master die Nachfrage nach Releasefähiger Standardsoftware besonders groß ist. Wir können sie mit dieser Schrift natürlich auch nicht liefern, aber vielleicht durch ein wichtiges Arbeitsergebnis positiv beeinflussen, die Dissertation Marco Carollas: *Ein Referenz-Datenmodell für Campus-Management-Systeme in deutschsprachigen Hochschulen*, die im Verlag **Springer**Gabler erschienen ist (http://www.springer.com/de/book/9783658093464). Die Validierungsdaten sind in der Publikationsdatenbank der Universität Bielefeld öffentlich einseh- und damit nachvollziehbar (http://pub.uni-bielefeld.de/data/2698627). Die Validierung erfolgte mittels einer Stichprobe von 30 zufällig ausgewählten Studiengängen aus 10 der existierenden 60 großen deutschsprachigen Hochschulen.

Bielefeld   Die Autoren
Wien
Vaduz

Was Sie in diesem Essential finden können

- Die Einbettung Administrativer Systeme in eine Organisation
- Die Ressource *Originäre Daten* als Struktur bestimmender und besonders schutzbedürftiger Kern einer organisationalen Datenbasis
- Die Grunddaten des sehr komplexen Datentyps *Studium* eines CMS-Systems als validierter Kern eines möglichen Standardsystems
- Die evolutionäre Einführung zweier produktiver Eigenentwicklungen

Inhaltsverzeichnis

Einleitung: Das Problem

Der sog. „Bologna-Prozess" [33] hat eine große Nachfrage nach zentral betriebener Standardsoftware für Hochschulen ausgelöst, die nur auf den *ersten* Blick verfügbar ist [20]. Nur bei oberflächlicher Betrachtung (s. z. B. [5]) kann von *existierenden* Standardsystemen für Campus-Management gesprochen werden. Bei genauerer Prüfung der angebotenen Produkte lässt sich feststellen, dass es nur *ein* in Deutschland marktbeherrschendes System gibt [20, 52], das diesen Status beanspruchen kann, allerdings nach Preisgabe wichtiger Ansprüche an eine releasefähige und integrierte Standardsoftware. Das den deutschen Markt beherrschende System der HIS GmbH (*Hochschul-Informations-System*) setzt *nicht* auf einer zentralen Datenbasis auf und gilt technologisch als veraltet [10, 56, 60]. Die Programme sind Datei-basierte Bausteine – auch *mit* Datenbanksystem, in ihren Ursprüngen rund 20 Jahre alt und schwer verständlich (s. auch [64, S. 1]). Eine geregelte Release-Pflege findet nicht statt.[1] Dem in fast allen Hochschulen installierten Baustein HIS-SOS (Studenten-Organisationssystem) wird nachgesagt, dass er ein wesentlicher Verursacher des Scheiterns der deutschen Zulassungssoftware Hochschulstart.de gewesen ist, weil es keine standardisierten Schnittstellen gab [62]. Im Herbst 2013 dauerten die Probleme an. Für nur 175 von 3500 NC-Studiengängen sei das System jetzt einsetzbar [68].

Die wichtigsten Anforderungen des Bologna-Prozesses waren gestufte Studiengänge (Bachelor und Master), studienbegleitendes Prüfen und eine Modularisierung des Lehrangebots, um mehr individuelle Profile der Abschlüsse zu ermöglichen [64, S. 3]. Hierdurch „explodierte" die Zahl der Studiengänge und damit buchungspflichtiger Vorgänge, die nicht nur transaktionssicher sondern über Zeiträume von mehr als 20 Jahren auch *rechtssicher* sein müssen (z. B. [38, S. 42]). Dies

---

[1] Einer der Autoren hat 15 Jahre dienstliche Erfahrungen mit dem Prüfungsverwaltungs-Modul HIS-POS für eine Fakultät.

© Springer Fachmedien Wiesbaden 2015
T. Spitta et al., *Campus-Management Systeme als Administrative Systeme,*
essentials, DOI 10.1007/978-3-658-11595-1_1

überfordert jede Behelfslösung bis hin zu Excel-Tabellen, mit denen sich Fakultäten über Jahre im Prüfungsgeschehen beholfen hatten. Nach der Rechtssicherheit durfte man bei solchen „Lösungen" gar nicht erst fragen. Allein die Zweiteilung der alten Abschlüsse bringt einen Zwang zur Prozessbeschleunigung mit sich, die nur mittels einer Datenbank-integrierten Software geleistet werden kann. So muss z. B. nach einem gerade beendeten Bachelorstudium schnell über eine Zulassung zum Master entschieden werden können.

Das Problem, das sehr viele Hochschulen als Nachfrager von Standardsoftware also haben, lässt sich folgendermaßen zusammenfassen:

- Die Hochschulen brauchen dringend Campus-Management Systeme,
- die aber in ausreichender Qualität als Standardsoftware (noch?) nicht vorhanden sind [52].
- Nur wenige Hochschulen sind organisatorisch und finanziell in der Lage, eine Millionen schwere Softwareentwicklung zu bewältigen.

Die in wenigen großen Universitäten im Echtbetrieb befindlichen Neuentwicklungen (z. B. [20, 23, 64]) lassen hoffen, dass sich konkurrierende Standardsysteme entwickeln (s. auch [4, 10] mit Vergleichen). Sie haben jedoch den Status von Pilot-Anwendungen noch lange nicht verlassen. Die „Pioniere" dieser Pilot-Anwendungen zahlen einen hohen Preis. Informell bekannt aber nicht zitierbar sind zwei den Autoren bekannte Fehlschläge dieser Projekte mit sehr hohen Kosten für die Auftraggeber bei vergleichbar geringem Nutzen (s. auch [20, S. 32]). Es sollte aber gesehen werden, dass Derartiges auch in der Wirtschaft geschieht, nur seltener öffentlich wird [18].

Campus-Management Systeme (CMS) gehören zu den *Administrativen Softwaresystemen* (auch *Betriebliche Informationssysteme*), mit denen die Wirtschaft über 30 Jahre Erfahrung hat. Ein Standardwerk hierzu wird seit 1969 von Mertens herausgegeben [44]. Das Buch macht diese Erfahrungen durch eine umfassende Fallsammlung explizit. Solche Erfahrungen müssen Hochschulen erst machen und zwar nicht nur durch eine Beschreibung von Funktionen und deren gewünschte Unterstützung durch Computer [2, S. 187, 52, S. 247 ff.], sondern durch die Reflexion und sorgfältige Pflege der von einem CMS erzeugten und verwalteten Datenbasis. In ihr steckt die Komplexität Administrativer Systeme, und hier stößt man auf die prägenden Spezifika des Diskursbereichs Hochschule. Nur durch eine konsistente Datenbank lässt sich eine Organisation bei vielen Vorgängen pro Zeiteinheit so integrieren, dass schnelle *und* sichere Prozesse möglich sind. Die Integrationswirkung dieser Softwaresysteme kommt nur dann zu Stande, wenn die Daten redundanzfrei gehalten werden und alle Organisationseinheiten auf die *selben* Daten schauen und auf Basis der *selben* Daten Berechnungen erstellen oder Entscheidungen fällen.

Dies macht einen Blick auf die Organisation erforderlich. Nicht die Software erzeugt originäre Daten, sondern menschliche Akteure. Administrative Systeme leben von und mit der Organisation, in die sie eingebettet sind. Versuche, sie mittels einer zum Standard erklärten Software organisatorisch zu vereinheitlichen [46], halten wir bei der Vielfalt der Fachkulturen einer Universität für fragwürdig und ökonomisch riskant. Dies kann allenfalls bei einer Buchhaltungs- oder Personalsoftware gelingen. Die originären Daten werden von datenverantwortlichen Organisationseinheiten erzeugt, und zwar eineindeutig. Borgeest & Ponkraz nennen dies „Datenhaushalte führen" [8, S. 18]. Sie benennen sich überschneidende Änderungsrechte an Daten als *eine* Ursache für vielfältige organisatorische Störungen. Eine erfolgreiche Einführung von CMS halten wir nur evolutionär für möglich, weil Lernprozesse in Organisationen *Zeit* benötigen.

Die elementare Unterscheidung der Datenentstehung in originäre und abgeleitete Daten ist in wissenschaftlicher Literatur kaum zu erkennen, in der praktischen Datenverarbeitung aber eine Selbstverständlichkeit. Hier erscheinen die Hochschulen organisatorisch auf dem Stand der Wirtschaft der 80er Jahre [41, Kap. 6] mit großen organisatorischen, strukturellen und technischen Ineffizienzen [60, S. 212]. Sie orientieren sich an *Rechenzentren*, selbst wenn diese in „Zentren für Informationsverarbeitung" umgetauft wurden (z. B. [9]). Diese leisten wichtige Dienste und würden ein zentrales Campus-Management System u. E. auch zuverlässig betreiben. Aber komplexe soziotechnische Projekte durchführen und die Evolution dieser Systeme zu begleiten; damit haben sie weder Erfahrung, noch verfügen sie über das notwendige Personal [43, 60]. Sprenger et al. haben wichtige Ergebnisse des TU9-Gutachtens [10] von 2008 publiziert. Eines ihrer zentralen Ergebnisse für alle Entscheider in Hochschulen ist die finanzielle Dimension eines Campus-Management Systems. Sie wird in einer detaillierten Szenario-Analyse für Best und Worst Cases über acht Jahre (Projekt- + Betriebskosten) mit rund 70 Mio. € (±20 %) angegeben [60]. Berücksichtigt wird in der Studie auch die Unterlassung-Alternative.

Unser Eindruck ist, dass dies vielen Entscheidern in Hochschulen nicht bewusst ist und auch die Zusammenhänge unklar sind. Ähnliche Eindrücke und Befunde wurden schon 2009 auf einer Tagung in Wien vorgetragen [36, 37].

Deshalb ist es das Ziel dieses Beitrags, am Beispiel *Campus-Management* zu vermitteln, was diesen Typ von Software ausmacht; welche Funktionen zum Kern eines CMS gehören und welche nicht. Hierzu skizzieren wir sehr einfache Zusammenhänge zwischen Funktionen und persistenten Daten (Abschn. 2.1). Dies mag Datenbankfachleuten und Praktikern trivial erscheinen, wird aber u. W. in den Informatik-Grundlagen der Hochschulen nicht vermittelt und ist auch nicht Thema der akademischen Softwaretechnik. Kapitel 4 skizziert die Datenbasis solcher Systeme in einem Referenz-Datenmodell [11] für den Diskursbereich, das empirisch validiert wurde. Dieses Modell ist publiziert [15], kann aber in seiner

Tiefenstruktur hier nur angedeutet werden. Kapitel 5 illustriert die Einführung von CMS an zwei Fallstudien, die als Eigenentwicklungen entstanden sind. So etwas ist heute aus Zeit- und Kostengründen nicht wiederholbar, dürfte aber für die erwähnten Pilotprojekte oder die Hochschulen, die mit behelfsmäßiger Integration von Altsystemen noch „zuwarten" [30, 48, 50], eine anschauliche Erfahrung sein.

Während in diesem Kapitel einige Spezifika angesprochen wurden, die nur Deutschland betreffen, gelten die Inhalte der folgenden Kapitel wegen des „Gleichtaktes" der Hochschulsysteme deutschsprachiger Länder aufgrund ähnlicher staatlicher und sozialer Rahmenstrukturen auch für Österreich, die Schweiz und Liechtenstein [63].

Das Teilsystem Lehre

2

Eine „Big-Bang" Einführung großer soziotechnischer Softwaresysteme ist hoch riskant, insbesondere bei Neuentwicklungen [57]. Daher sollte stufenweise implementiert werden. Unter *Implementierung* verstehen wir den technischen *und* den organisatorischen Vorgang [20, 54, S 73]. Um die Möglichkeiten und Grenzen einer stufenweisen Einführung zu untersuchen, muss die Abhängigkeit zwischen Funktionen und Datenbasis betrachtet werden. In erster Näherung nehmen wir drei funktional sichtbare Bausteine eines CMS an – Lehre, Forschung und spezielle Dienste (insbes. Bibliothek) – und beginnen mit dem ersteren. In diesem Teilsystem liegt offenbar seit der Änderung der Hochschulgesetzgebung („BA/MA") auch die höchste Dringlichkeit. Es wird sich zeigen, dass dieses Teilsystem u. a. wegen der Heterogenität seiner Benutzer und der Spitzenlasten bei Buchungen das komplexeste ist.

2.1 Funktionen, Daten und Integrationskern

Datenbasis und Funktionen

Tabelle 2.1 betrachtet die Funktionen eines CMS mit den korrespondierenden Daten. Die Grunddaten sind starke Entitätstypen, die von anderen nicht abhängig sein dürfen. Die Mengengerüste der Grunddaten sind relativ gering, im Gegensatz zu Vorgangsdaten. Die Masse der Daten entsteht in den „betrieblichen" Vorgängen. Sie sind als schwache Entitätstypen von mindestens einem Grunddatentyp abhängig. Spitzenlasten durch neue Vorgangsdaten entstehen zu Beginn und zum Ende von Semestern (Belegen von Veranstaltungen und Buchen von Prüfungen). Die Server-Infrastruktur muss diese Transaktionen bewältigen, da sonst wichtige Arbeitsprozesse behindert werden.

© Springer Fachmedien Wiesbaden 2015
T. Spitta et al., *Campus-Management Systeme als Administrative Systeme,*
essentials, DOI 10.1007/978-3-658-11595-1_2

Tab. 2.1 Funktionen, originäre und einige abgeleitete Daten eines CMS

Funktion *Verwaltung von ...*	*--- originäre Daten ---* *Grunddaten*	*Vorgangsdaten*	*abgeleitete Daten* (Beispiele)
.. Studierenden	Student	Rück-/ Anmeldung	Studienfortschritt
.. Lehrveranstaltungen	Lehrangebot	Teilnahme	Teilnehmer-Statistik
.. Räumen	Raum	Belegung	Kennzahlen Belegung
.. Studiengängen	Studiengang	Vorlesungsverzeichnis	Studierenden-Statistik
.. Prüfungen	Leistungs-Regelungen	Leistungs-Exemplar	Zeugnis
.. individuellen Stundenplänen	Stud+La+Stg+Raum	Belegung	Überschneidungsquote

Die abgeleiteten Daten wiederum sind überwiegend auf Vorgangsdaten aufgebaut, häufig in verdichteter Form. So baut etwa ein Zeugnis beim BA/MA-Lehrkonzept auf einer Vielzahl studienbegleitender Leistungen auf.

Die letzte Zeile von Tab. 2.1 zeigt ein wichtiges Beispiel, das eher *nicht* für zentrale Planer, Dozenten oder Fakultäten relevant ist, sondern für die Stakeholder, für die das Ganze stattfindet, die Studierenden. Bei hoher Wahlfreiheit ist es sehr schwierig und in jedem Einzelfall sogar kombinatorisch unmöglich, die Überschneidungsfreiheit jedes individuellen Stundenplans zu gewährleisten (s. hierzu [12, S. 486 ff.]). Bereits in einer mittelgroßen Universität wie Bielefeld werden seit der Einführung von BA/MA über 500 Studiengänge[1] studiert. Das Beispiel zeigt aber auch die Abhängigkeiten der Funktionen von Grunddaten. Wenn Teilsysteme für die ersten vier Grunddaten-Typen nicht existieren, kann die Funktion nicht angeboten werden, weil originäre Daten fehlen.

Abgeleitete Daten

Die Unterscheidung in originäre und abgeleitete Daten ist nicht neu [54], aber im Hochschulbereich wenig bekannt. Originäre Daten entstehen in der Umwelt eines Softwaresystems durch menschliche oder maschinelle Akteure. Maschinelle Akteure sind Maschinen, an denen Daten über Sensoren abgegriffen werden, etwa das Lesegerät für eine Mensa-Chipkarte. Die Software ist in die Realität (= Organisation) eingebettet und wirkt auf die Realität zurück, die sie modelliert. Wir werden diesen wichtigen Aspekt im folgenden Abschnitt vertiefen.

Die originären Daten bilden den Kern einer administrativen Datenbasis und sind auch Gegenstand eines entsprechenden Datenmodells, das wir in Kap.4 kurz

---

[1] 20 Kern- * 25 Nebenfächer = 500 Studiengänge. Diese haben noch je 3 Profile, was sich bei 4 Pflicht-SWS auf 6000 nötige Zeitfenster (ZF) ohne Überschneidungen aggregiert. Möglich sind aber pro Student nur 60 ZF/Woche bei 12 h pro Tag (8:00–20:00) (Beispiel von Maik Jablonski aus dem Vortrag zu [12]).

zeigen. Für die Korrektheit sind die Daten erzeugenden Akteure verantwortlich (einzelne oder Organisationseinheiten), die selbstverständlich so gut wie möglich durch Integritätsbedingungen vor Irrtümern geschützt und durch eine lückenlose Abbildung von Prozessen unterstützt werden müssen.

Abgeleitete Daten werden nicht durch Akteure der Organisation erzeugt, sondern durch *Programme*. Die Korrektheit des Programms verantwortet ein Programmierer, auch wenn gelegentlich der Benutzer Fachwissen zum Algorithmus oder zu Integritätsbedingungen beisteuern muss. Werden abgeleitete Daten ohne Rückgriff auf gespeicherte Daten erzeugt, verhalten sie sich wie eine Funktion $y = f(x)$, bei der das Ergebnis beliebig reproduzierbar ist. Basiert eine Funktion auf Zuständen (Gedächtnis aus der Datenbasis), so muss sichergestellt sein, dass sich die zu Grunde gelegten originären Daten nicht ändern[2]. Dies ist bei Grunddaten selten der Fall, bei Vorgangsdaten jedoch häufig, weil in Prozessen mit hoher Frequenz ständig neue Daten entstehen. Dies bedeutet, dass abgeleitete Daten nicht gespeichert werden sollten und heute in vielen Fällen dank der Hardwaretechnik auch nicht gespeichert werden müssen. Die simple betriebswirtschaftliche Formel

$$\text{Bestand}_t = \text{Bestand}_{t-1} + \text{Bewegung}_t$$

führt nur dann zu einem korrekten Bestand, wenn die oben skizzierte Operation in der *selben* Transaktion ausgeführt wird, wie die Buchung des (originären) Vorgangs *Bewegung*. Was bedeutet dies für ein CMS?

1. Wenn wir Software evolutionär einführen oder entwickeln, muss strikt darauf geachtet werden, dass korrekte und gut archivierte originäre Daten entstehen.
2. Voneinander existenzabhängige (originäre) Daten können nicht isoliert behandelt werden. Da fast alle relevanten Prozesse Vorgangsdaten erzeugen, können nur diejenigen unterstützt werden, deren Grunddaten mit geklärter Datenverantwortung existieren.
3. In einer Übergangsphase kann es sinnvoll sein, die dezentrale Erzeugung von Grunddaten zuzulassen, aber nur dann, wenn dies Einzelfälle sind und die Daten bei einer Weiterentwicklung kontrolliert integriert werden.
4. Die Ermittlung manchmal auch komplexer abgeleiteter Daten kann nachgeholt werden, wenn Zeit oder Budget knapp sind. Ein zeitliches Verschieben „infor-

---

[2] Selbstverständlich benötigt man dann Archive, die die zugehörigen originären Daten für lange Fristen Periodenbezogen festhalten, wie dies in Deutschland gem. HGB §§ 238 und 239 (4) für Handelsgeschäfte vorgeschrieben ist.

mativer" Funktionen bei einer evolutionären Einführung kann die Integrität der zentralen Datenbasis nicht negativ beeinflussen.

Allerdings sollten sich Entscheider die Einführung eines Data Warehouse Systems [50] nicht einfach und nicht „billig" vorstellen. Solche Systeme bieten nur dann einen Nutzen, wenn sie aus einheitlichen Datenquellen gespeist werden [67, S. 485 f.] und wenn die laufende Aktualisierung des Datenlagers aus originären Daten sorgfältig spezifiziert und sicher automatisiert wurde.

CMS als Eingebettetes System

Nach Lehmann [40] entwickeln sich embedded programs mit ihrer Umwelt. Dies zeigt Abb. 2.1 mit „R" als Umwelt. Es bedarf für jede Version der Rückkopplung ($t_1...t_n$) einer entsprechenden Spezifikation. Der Begriff *Embedded Systems* wird in der Informatik nur für Software benutzt, die in technische Systeme eingebettet ist und sie überwacht und/oder steuert. Doch auch der Softwaretyp, den wir hier betrachten, kann als „eingebettet" in eine Organisation gesehen werden [54].

Die Akteure der Umwelt des Softwaresystems sind die Benutzer, die originäre Daten erzeugen. Da die Organisation sich im Zeitablauf ändert, wird auch ein „fertiges" Softwaresystem immerzu weiter gepflegt werden müssen. Wir nennen den hier betrachteten Softwaretyp *Administrative Systeme*, weil die überkommenen Begriffe entweder zu eng oder semantisch falsch und eher von Marketingüberlegungen geprägt sind (*Betriebliches* Informationssystem, Enterprise Resource *Planning* System ERP).[3] Die Systeme sind in Wirklichkeit Buchungssysteme für organisatorische Vorgänge, *keine* Planungssysteme. Aus ihnen werden Informa-

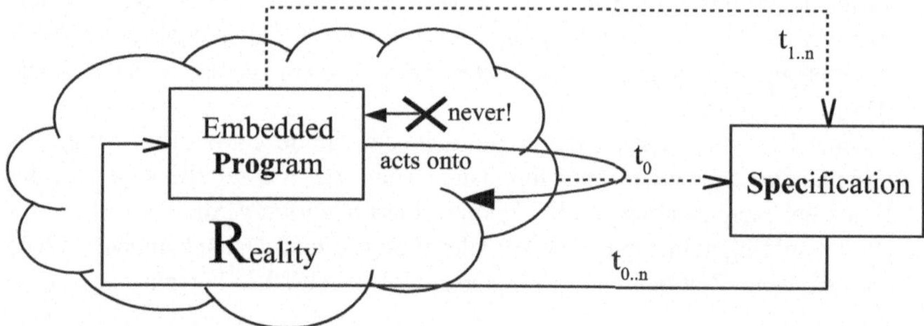

Abb. 2.1 Administrative Software als *embedded system*. (in Anlehnung an [54, S. 31])

---

[3] Mertens [44] benutzt den Begriff *Betriebswirtschaftlich-administrative Informationssysteme*.

tionen für Entscheidungen gewonnen. Selbstverständlich enthalten sie auch Planungsdaten, aber die Vorgangsdaten dominieren die operative Basis.

Warum haben wir so weit ausgeholt?

- Campus-Management Systeme sind schwergewichtige Administrative Systeme.
- Die wesentlichen Eigenschaften dieser Systeme müssen beachtet werden, damit eine evolutionäre Einführung erfolgreich sein kann, ganz besonders die Abhängigkeiten von Daten.
- Die Systeme müssen in der ersten Stufe möglichst schlank sein. „Schlank" kann bei verschiedenen Komponenten erhebliche Abweichungen haben.

Dies vermitteln Grechenig et al. durch Tab. 2.2, die CMS nach den Lehrbeispielen (No 1 und 2) in eine Reihe typischer großer Projekte stellt. Insbesondere die Zahl der Promotoren und der User machen ein CMS zumindest in einer großen Hochschule zu einem hoch komplexen System.

Durch die Einbettung in eine Organisation, in der die Studierenden *keine* „Kunden" in der Umwelt sind, sondern wesentliche Systemelemente, sollte man einen Plan haben, wie man die Software stufenweise in die Organisation implementiert. Die Teilsysteme sollten so einfach wie möglich sein. „Möglich" heißt, dass man die Abhängigkeiten der Datenbasis beachtet, zusätzliche Funktionalität aber aus dem Kernsystem heraus hält oder für spätere Ausbaustufen zurück stellt.

Ein CMS ist technisch (Lastspitzen bei Transaktionen)[4] und organisatorisch *schwergewichtig*. Die Komplexitätsreduktion der Einführung eines solchen Systems ist wünschenswert bis notwendig.

Tab. 2.2 Die Komplexität von Softwareprojekten [24, S. 91]

Projektkomplexität aus User- und Interessens-Dynamik					
Nr		Promotors	Core-User	User	Visitors	User-Complexity
1	Lehrbeispiel	1	2	10	200	0,01
2	Kleines Projekt	1	10	30	3.000	0,25
3	Mittleres Projekt	4	100	2.000	20.000	1
4	Große Hochschule	100	4.000	40.000	1 Mio	100
5	Tickets staatl. Bahn	15	8.000	4 Mio	20 Mio	200
6	ID-Paraguay	50	15.000	8 Mio	> 8 Mio	400
7	eHealth Germany	1.000	200.000	80 Mio	> 80 Mio	4.000

[4] Die Werte sind für industrielle Maßstäbe nicht der Rede wert. Man sollte aber beachten, dass Hochschul-Rechenzentren oft keine Erfahrungen mit dem Betrieb transaktionaler Datenbanken haben oder aus „Sparsamkeit" zu kleine Server betreiben.

2.2   Abhängigkeiten zwischen Administrativen Systemen

Der Datentyp *Dozent* ist ein wichtiges Beispiel für die Abgrenzung eines CMS von anderen administrativen Teilsystemen. Die Grunddaten derjenigen Personen, die ein Entgelt beziehen, müssen in dem System verwaltet werden, das den Datentyp „beschäftigte Person" verwaltet. Für eine Entgeltabrechnung und die entsprechenden Grunddaten wird man eine Standardsoftware einsetzen und die im CMS notwendigen Attribute von dort importieren. Die Datenverantwortung für Personaldaten muss bei der zuständigen Organisationseinheit liegen.

Eng mit einem **Personalsystem** verbunden ist ein Abbild der **Aufbauorganisation**. Sie ist jedoch in gängigen Standardsystemen wie etwa SAP ERP so stark mit dem Gesamtsystem verknüpft, insbes. der Kostenverantwortung [3, S. 54 f.], dass es nicht geraten erscheint, diese Strukturen für ein CMS zu nutzen, wenn aus dem ERP-System nur Finanzbuchhaltung und Personalsystem verwendet werden. Es sollte also eine Komponente *Organisation* geben, entweder im CMS oder eine unabhängige, die eng mit dem Personalsystem und der Kostenstellenstruktur gekoppelt ist. Es ist eigentlich selbstverständlich, dass *alle* Organisationsstrukturen in genau *einem* System abgebildet sind und nicht Verwaltung und Fachbereiche auseinander fallen.

Ein anderes Beispiel ist das **Gebäudemanagement** (*Facility Management*). Wenn ein FM-System betrieben wird, muss dieses bei den Räumen für Lehrveranstaltungen die entsprechenden Attribute pflegen (Medienausstattung, Plätze, Wartungsarbeiten etc.) und sie an das CMS exportieren. Existiert es nicht, kann es notwendig sein, im CMS eine Komponente *Raumverwaltung* zu haben, die aber keinesfalls „evolutionär" zu einem Gebäudemanagementsystem ausgebaut werden darf. Im Gegenteil, bei der Beschaffung eines solchen Systems muss diese Komponente des CMS „rückgebaut" werden.

Durch die Beispiele soll folgender Grundsatz für ein CMS vermittelt werden:

Campus-Management Systeme müssen so schlank und modular wie möglich definiert werden, weil der transaktionale Kern des Teilsystems *Lehre* bereits schwergewichtig und ein Teilsystem *Forschung* (s. Kap. 3) ebenfalls notwendig ist.

Basisfunktionen und verteilte Grunddaten

In Tab. 2.1 auf Seite 6 sind nur anwendungsbezogene Funktionen genannt. Neben allgemein verfügbaren, technischen Basisfunktionen wie Dateitransfer (z. B. herunter laden von Lehrmaterial, herauf laden von Aufgabenlösungen) gibt es vor allem *eine* Basisfunktion, die in Administrativen Softwaresystemen von Wirtschaft und Verwaltung keine auch nur annähernd so wichtige Rolle spielt wie in einem CMS: Die **Kommunikation** zwischen Lehrenden und Lernenden.

Die Kommunikationsfunktion sollte möglichst unabhängig von der Geschäftspolitik eines Herstellers sein. Jeder Lehrende muss alle Lernenden oder definierte Untergruppen seiner Veranstaltungen informieren und mit ihnen kommunizieren können. Die Partner dieser Kommunikation wechseln zumindest mit jedem Semester, in vielen Fällen auch laufend (z. B. angemeldete Teilnehmer eines Prüfungstermins). Die Studierenden sollten über das CMS selbst steuern können, über welchen Kanal die Nachrichten sie erreichen sollen, wenn dies auf Sicherheit überprüfte Kanäle sind.

Eng verbunden mit der im vorigen Abschnitt besprochenen Organisations-Komponente ist eine **Rechteverwaltung**, die für alle Administrativen Systeme selbstverständlich ist.

Eine weitere Basisfunktion ist z. T. technisch begründet. Sie bezieht die originären Daten aus der bereits im vorigen Abschnitt genannten Personalfunktion. Für fast alle Funktionen in Forschung und Lehre (F&L) wird im CMS eine Komponente *Person-F&L* benötigt, deren zentrale Grunddaten am besten aus dem Personalsystem repliziert werden. In den Teilsystemen Lehre, Forschung und Bibliothek wird die *Person-F&L* benötigt, die lehrt, prüft, forscht, publiziert etc. Diese Komponente darf natürlich nur diejenigen Personendaten aus dem zentralen System zeigen, die nicht dem Datenschutz unterliegen und nur jene replizieren, die für die Verarbeitung benötigt werden. Für den Datentyp *Person-F&L* sind dezentral schreibende Zugriffsrechte notwendig, und zwar disjunkt zu den zentralen. Z. B. wird so vermieden, dass eine Person nach der Habilitation im zentralen Personalsystem immer noch als Tutor geführt wird, die Rolle, mit der die Person vor langer Zeit im zentralen Personalsystem angelegt worden war. Hierdurch wird sicher gestellt, dass pro Attribut von *Person-F&L* nur *ein* System führend ist. Zusätzlich kann die Komponente *Person-F&L* den Studierenden dezentral gepflegte Kontaktinformationen zur Verfügung stellen, wie Sprechstunden und -orte.

Abgrenzung CMS – E-Learning
Allein die eben diskutierte Komplexität des Teilsystems Lehre macht es ratsam, eine Grenze zwischen den administrativen, standardisierbaren Vorgängen der Planung und Abwicklung von Lehre bis zur Prüfung zu ziehen und deren weiter gehender Unterstützung. Erstere gehören in das Teilsystem *Lehre* eines CMS, letztere können von ergänzenden E-Learning-Systemen flexibler geleistet werden. Die Grenze sollte so gezogen werden, dass E-Learning in autonomer Verantwortung des Dozenten optional die *interne* Gestaltung einer Lehrveranstaltung bis vor die Abschlussbewertung unterstützt – also das Lernen, nicht aber den Gesamtprozess der Lehre von der Anmeldung bis zur abschließenden Bewertung.

Die Grenzen zwischen zentralem CMS und eher dezentral genutzten E-Learning Systemen sind z. T. fließend, dürfen aber niemals zu einem Nebeneinander redundanter Grunddaten führen. Ein Beispiel ist die Einteilung großer Vorlesungen in Übungsgruppen mit der Abgabe von bewerteten Aufgaben. Dies könnte in einer naturwissenschaftlich und technisch geprägten Universität zum zentralen System gehören, in einer eher geisteswissenschaftlich geprägten aber in einem „angedockten" E-Learning-System abgewickelt werden.

Nach der Einführung eines zentralen CMS können auch generell benötigte Unterstützungsfunktionen mit entsprechenden Daten ergänzt werden, wenn sie Fächer übergreifend benötigt werden.

Die Teilsysteme Forschung und „Wissens-Dienste"

3

Das Teilsystem *Forschung* eines CMS und der Dienst *Bibliothek* hängen *inhaltlich* stark zusammen. Dies lässt sich organisatorisch und historisch begründen und hat Auswirkungen darauf, warum *Forschung* zu einem CMS gehören sollte und *Bibliothek* nicht.

3.1 Forschung

Für Universitäten werden zwei Hauptaufgaben der in der Institution beschäftigten Personen genannt, Forschung und Lehre. Das ist nur scheinbar trivial. Natürlich sind auch andere Personen beschäftigt, aber sie nehmen Hilfsfunktionen wahr. Die mit den Primär-Aufgaben betrauten Personen sind in den „leistenden" Dezentralen (Fakultäten, Fachbereiche etc.) tätig und sollten auch bei ihrer zweiten Hauptaufgabe unterstützt werden, der Forschung. Ein solches Teilsystem gehört allein durch seine Einbindung in die Organisation zu einem CMS. Die selben Akteure nehmen beide Hauptaufgaben wahr.

Während jedoch das wichtigste „Produkt" des Forschungsprozesses traditionell schon lange beachtet wird, die Publikation, weitet sich heute das Interesse an Forschungsinformationen auf Forschungsevaluation und damit auf Metadaten aus [34, S. 187], z. B. *Anzahl Publikationen auf A-Level*. Damit werden Vorgangsdaten aus Forschungsprojekten öffentlich relevant, die bisher „privates" Wissen von Forschern und Instituten waren.

Für Publikationen gibt es ein europäisches Standard-Datenmodell namens *EuroCris* [21]. ‚CRIS' steht für *Current Research Information Systems* [1, 32]. Die Vereinigung einiger europäischer Forschungsorganisationen (DFG/DE, JISC/UK, DEFF/DK, SURF/NL) namens *Knowledge Exchange* (KE) gibt relevante Datenbestände für Forschungsinformationssysteme an [49]. Wichtig in unserem Kontext

© Springer Fachmedien Wiesbaden 2015
T. Spitta et al., *Campus-Management Systeme als Administrative Systeme,*
essentials, DOI 10.1007/978-3-658-11595-1_3

ist allerdings auch, dass die KE-Community für ein AID-System (*Academic Information Domain*) zwar Schnittstellen zu den externen Systemen *Personnel* und *Financial Information* vorsieht, nicht aber zu einem System *Lehre* [49, Fig. 1]. Unstrittig ist, dass ein CRIS-System erforderlich ist, welches

- Daten zu Projekten
- Forschungsergebnisse oberhalb der Studiengänge wie Dissertationen und Habilitationen ausweist und
- abgeleitete Daten für Evaluationen bereit stellt, etwa die Anzahl der Vorgänge.

Aus den originären, gerade auch beschreibenden Daten des Teilsystems Forschung müssen sich Berichte generieren lassen. Wenn Universitäten zunehmend wettbewerbliche Anreize erhalten, müssen sie in der Lage sein, ihre Forschungsleistungen im Verhältnis zu den insgesamt verfügbaren Forschungsressourcen einheitlich und effizient darzustellen [65]. So hat die Universität Münster als fünftgrößte deutsche Hochschule zwar die Komponente Lehre eines CMS noch zurück gestellt, aber ein Forschungsinformationssystem entwickelt, das schnell einführbar war und hohe Nutzen-Potentiale hatte [31]. Auch die FU Berlin berichtet über eine in die dortige SAP-Installation integrierte Forschungs-Datenbank, die aus einer *Drittmittelprojekt-Datenbank* und einer *Profil-Datenbank* für die nicht fremdfinanzierte Forschung besteht. Beide Komponenten haben Schnittstellen zur Publikations-Datenbank der zentralen Bibliothek [42]. Nach Horstmann & Jahn scheint es allerdings in Deutschland nur wenige funktionsfähige Forschungs-Datenbanken zu geben [34, S. 188].

3.2 Bibliothek und Publikationen

Bibliothekssoftware hat im Gegensatz zu Campus-Management Systemen eine lange Tradition mit speziellen Buchungs-, Archivierungs- und Nachweisfunktionen. Es scheinen überwiegend Eigenentwicklungen im Einsatz zu sein, da Standardsysteme offenbar nur für kleine Bibliotheken verfügbar sind [39, 66]. Ob eine Komponente *Publikationen* dem Teilsystem Forschung oder einem System *Bibliothek* zugeordnet wird, ist irrelevant. Wesentlich sind einfache und offene Schnittstellen – insbesondere eine performante und flexible Suche – und Schreibrechte der Erzeuger von Daten aus den Dezentralen. Diese Rechte müssen exklusiv sein, da es sich um Personen bezogene Daten handelt.

Der Service einer Bibliothek für die Lehre, besonders aber für die Forschung, besteht darin, die Mitglieder der Universität schnell (!) mit Daten zu versorgen, die im Kontext eines Lern- oder Forschungsgegenstands verfügbar sind. Zum Dienst gehört auch, die Integrität der Referenzen und Inhalte zu gewährleisten. Die Benutzer möchten weit über die Grenzen der eigenen Institution hinaus Quellen finden, möglichst auch Inhalte, am besten weltweit. Diese Vision scheitert heute noch an gewachsenen Identifikationsstrukturen, sog. Katalognummern [45, S. 364].

Software und Datenstrukturen aus dem Bibliotheksbereich verlangen spezielle Expertise und sind selbst bei großzügiger Auslegung nicht mehr als Administrative Systeme anzusehen. Ihre Schwerpunkte sind *nicht* die Buchung vieler Vorgänge, sondern Nachweise und Recherche [59, S. 247]. Nach Neubauer [45] geht die Entwicklung von den Institutionen spezifischen Systemen weg zu ganz wenigen oder nur genau einem Cloud-Katalog, der aber eine weltweit eindeutige Identifikationsnummer für jedes bibliographische Objekt benötigt. Hier konkurrieren Global Players, z. B. die Organisation OCLC (*Online Computer Library Center*) und die Firma Ex Libris.

3.3 Controlling

Die Controlling-Bedürfnisse beim Campus-Management sind vielfältig, nicht erst seit der Einführung von BA/MA und der Budget-Autonomie von Universitäten. Sowohl die Leitungen von Fakultäten als auch von Hochschulen als Ganzem benötigen eine Vielzahl aggregierter Daten oder Kennzahlen (s. hierzu [55] zu den Informationen, die allein ein Dekan benötigt). Zentrales Controlling für eine Hochschule ist mit vertretbarem Aufwand nur zu leisten, wenn die Fachbereiche semantisch und syntaktisch homogene originäre Daten erzeugen [14]. Dies wiederum ist nur möglich mit einem CMS, nicht mit einem Flickenteppich von Einzelanwendungen.

Einheitliche Benutzeroberflächen sind zwar hilfreich, aber keine hinreichende Bedingung. So lief eine über Jahre geführte Diskussion der Hochschul-Rechenzentren über die Bedeutung von „Portalen" (s. z. B. [9]) am Kern des Problems vorbei, der Verdichtungsfähigkeit von Daten.

Nach der vollständigen Einführung des operativen CMS BIS (Bielefelder Informationssystem) hatte die Universität zwar eine verlässliche Datenbasis fast aller originären Daten, war aber schlecht auskunftfähig [12]. Ein Data Warehouse System, wie es z. B. in der Universität Osnabrück als „Glocke" über HIS-Module gesetzt wurde [50], verbot sich aus verschiedenen Gründen. Mit drei Diplomarbeiten wurde die Vermutung empirisch unterlegt, dass Bearbeiter mit einfachen Programmierkenntnissen mittels eines Frameworks nützliche Controlling-Informationen erzeugen können. Dies war für das zentrale Controlling der Universität [14] und die Fakultäten für Soziologie [35] und Wirtschaftswissenschaften [29] in allen drei Fällen erfolgreich.

Datenmodell eines CMS 4

Das Datenmodell eines Administrativen Softwaresystems ist besonders wichtig für das Fachkonzept (s. z. B. [22, S. 189]: „konzeptionelles Objektschema"). Will man ein über die Datenbasis integriertes System evolutionär einführen, ist es unerlässlich, wenigstens ein grobes Datenmodell zu kennen [53, 56]. Dadurch lässt sich die Zerlegbarkeit des Systems abschätzen, um funktional benutzbare Komponenten zu erhalten. Da fast jede Komponente Vorgangsdaten erzeugt, genügt es, dies für die erforderlichen Grunddaten zu prüfen.

Der Kern eines CMS-Datenmodells ist die Studienmodellierung, die um wenige weitere Grunddaten und die Vorgangsdaten ergänzt werden muss, um das Datenmodell insgesamt zu erhalten. Wir erläutern ein Grobdatenmodell, zeigen eine erste Verfeinerung des sehr komplexen Grunddatentyps *Studium* und spiegeln funktionale Komponenten gegen das Grobdatenmodell, um potentielle Teilsysteme für eine evolutionäre Einführung zu finden.

4.1 Grobdatenmodell

Das sehr grobe Datenmodell in Abb. 4.1 zeigt die (unabhängigen) Grunddaten, die in *Rollen* und *Beziehungstypen* verfeinert werden müssen. Der Typ *Person* ist aus Gründen der Verständlichkeit direkt in die Rollen *Dozent* und *Student* verfeinert. Ebenso sind die beiden in Abschn. 2.1 besprochenen Schnittstellen gezeigt. Der Datentyp **Person** (*Human Resources*) wird von der Organisationseinheit Personal verantwortet, generiert aber eine Nachricht an das Identity-Management und das CMS, in welchem die von den Dezentralen gepflegten F&L-Daten des Typs Person ergänzt werden. Der Datentyp **Student** wird ausschließlich vom CMS verwaltet, muss aber Zugangsdaten über *Person-ID* erhalten.

© Springer Fachmedien Wiesbaden 2015
T. Spitta et al., *Campus-Management Systeme als Administrative Systeme,*
essentials, DOI 10.1007/978-3-658-11595-1_4

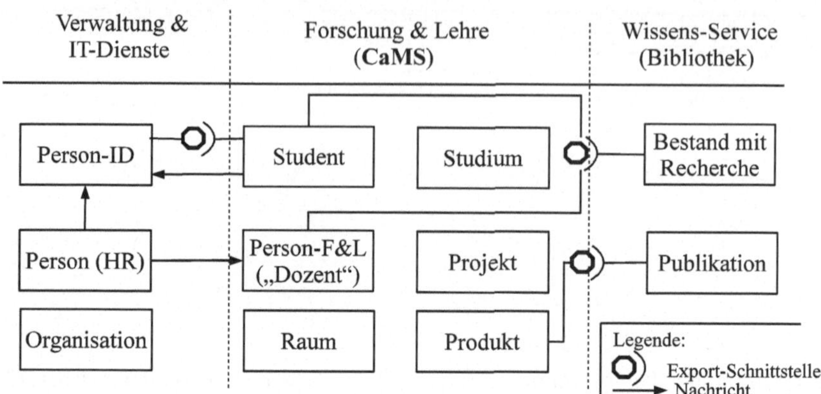

Abb. 4.1 Grob-Datenmodell der Grunddatentypen mit wichtigen Schnittstellen

Aus Gründen der besseren Übersicht geht Abb. 4.1 davon aus, dass kein Gebäudemanagement-System betrieben wird, so dass das CMS die für die Lehre relevanten Attribute des Objekttyps **Raum** verwaltet.

Der Datentyp **Studium** ist besonders komplex und wird im nächsten Abschnitt
verfeinert.

Das Teilsystem Forschung benötigt die Objekttypen **Projekt** und **Produkt**. Die
denkbaren Produkte können eng ausgelegt werden; dann zählen nur Publikationen
dazu. Das schließt Abschlussarbeiten aus der Lehre mit ein. Es ist aber gut vorstellbar, dass auch nicht publizierte Ergebnisse der Forschung Speicherungsdienste
benötigen, etwa Datenbanken für originäre Forschungsdaten bei empirischen Projekten. Diese Daten sind nicht in Publikationen enthalten, müssen aber für andere
Wissenschaftler nachvollziehbar sein. Auch Auszeichnungen und Patente werden
als Produkte gesehen (Datenmodell in [31]).

Wir nehmen in Abb. 4.1 an, dass die **Publikationsdaten** von der Bibliothek
verwaltet werden, aber Daten auch aus dem Forschungs-Teilsystem beziehen. Dies
zeigt die Importschnittstelle. Der Kontext des Grunddatentyps **Bestand** wurde in
Abschn. 3.2 besprochen. Dort wurde klar gestellt, dass nicht nur der lokale Literaturbestand gemeint ist, sondern der Welt-Wissensbestand zu einem von Forschern
bearbeiteten Thema.

Dass auch ein Student als „Produkt" gesehen werden kann, wollen wir hier
nicht weiter verfolgen. Wesentlich für den sog. *Student Life Cycle* sind die Vorgangsdaten, die in einer Komponente Prüfungsverwaltung genauer zu betrachten
sind.

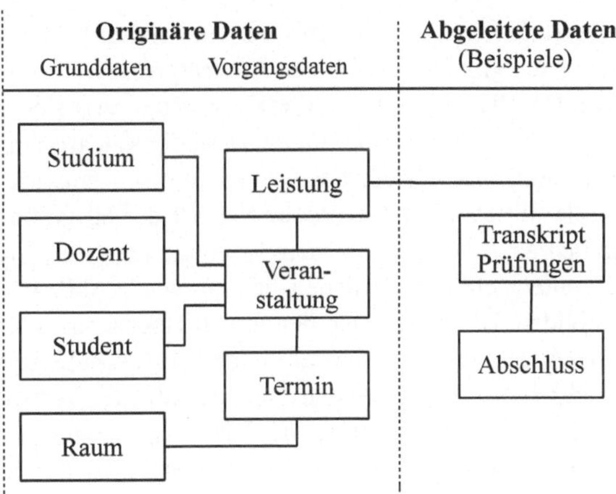

Abb. 4.2 Ergänzung der Grunddaten durch Vorgangsdaten des Prozesses Lehre

Abbildung 4.2 zeigt nur beispielhaft einige wichtige Vorgangsdaten aus dem Teilsystem *Lehre*, um den Zusammenhang mit den Grunddaten aus Abb. 4.1 zu verdeutlichen. Assoziationstypen sind nur angedeutet. Die Handhabung von Abschlüssen könnte über eine rudimentäre und übergangsweise manuelle Prüfungsverwaltung funktionieren, wenn die erforderlichen originären Daten existieren.

4.2 Der komplexe Grunddatentyp Studium

Bis vor kurzem (Anfang 2015) gab es keinen publizierten Vorschlag, wie man einen Grunddatentyp *Studium* in der Vielfalt deutschsprachiger Hochschulen allgemein gültig modellieren könnte. [13] war eine erste Arbeitsversion für die inzwischen veröffentlichte Dissertation [15]. Neubauer spricht schon bei den Bibliothekssystemen von „der deutschen ‚Kleinstaaterei'" ([45, S. 364]). Bei einem CMS/Lehre stellt sie das Kernproblem dar, das eine Standardisierung von Software verhindert, wobei das Problem schon bei den Tausenden von Prüfungsordnungen von Fakultäten beginnt, die *innerhalb* von Universitäten gegeneinander inkompatibel sind (s. [13, Kap. 1]). Nach unseren Befunden gibt es keinen rationalen Grund, den Prozess *Abwicklung* von Lehre für alle Disziplinen *nicht* einheitlich zu gestalten. Die Lehrfreiheit wird dadurch nicht beeinträchtigt. Die *Durchführung* von Lehre, das *Lernen*, sollte dagegen nicht vorgegeben werden (s. Abschnitt zum E-Learning). Dass die standardisierte Administration mit je einer einheitlichen Rahmen-Prüfungsordung für Bachelor und Master einer Hochschule möglich ist, kann der in Abschn. 5.1 dargestellten Fallstudie BIS der Universität Bielefeld entnommen werden. Zu jedem Fach gibt es verbindliche *Fächerspezifische Bestimmungen.*

Die Arbeit von Carolla belegt die starke Vermutung, dass sich eine Standard-Datenbasis für den Kern eines CMS definieren lässt, die Release-fähigen Systemen unterlegt werden kann. Das systematisch und empirisch entwickelte Referenz-Datenmodell wurde mittels einer Stichprobe von 10 der 60 großen deutschsprachigen Hochschulen an zufällig gezogenen 30 Studiengängen (3 je Hochschule) validiert. Alle 30 untersuchten Fälle ließen sich mit der in Abb. 4.3 gezeigten Referenzstruktur abbilden. Es handelt sich bei den 10 Hochschulen um sieben deutsche, eine österreichische und eine schweizerische Hochschule, sowie eine große deutsche Fachhochschule. Es gab keinen Fall, der mit der iterativ entwickelten Struktur nicht modelliert werden konnte. Die Forschungsdaten sind als Open Data nachvollziehbar im Internet publiziert [17], und zwar in der Publikations-Datenbank der Bielefelder Universitätsbibliothek. Die Transkripte jeder der 30 Modellierungen lassen sich in der Originalarbeit nachvollziehen [15, Kap. 7].

Abbildung 4.3 zeigt eine vereinfachte Übersicht der 11 Objekttypen des Meta-Typs *Gattung (kind)*, die auskonstruiert in weitere 30 *Rollen* und 19 *Beziehungstypen* zerfallen. Das Modell wurde mit der Ontologie UFO (*Unified Foundational*

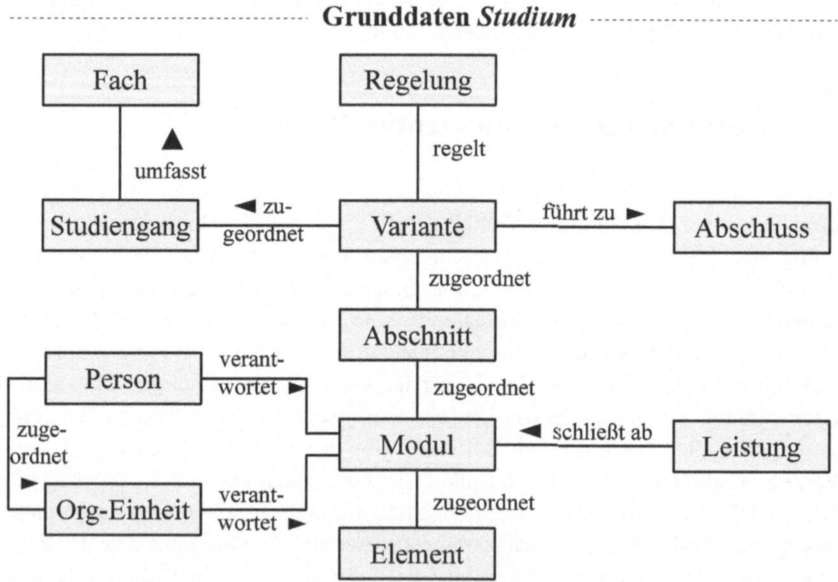

Abb. 4.3 Grunddatentypen eines Referenzmodells *Studium*

Ontology) [26] unter Verwendung der Methodik von Ortner [47] und der Transformation OntoUML [27] erstellt. Die Methodik zur Erstellung des Referenzmodells ist in einer ersten Version in [16] dargestellt.

Der Leser beachte, dass in der Modellierung der Abb. 4.3 nur die Grunddatentypen des komplexen Datentyps *Studium* enthalten sind. *Person* spricht also zunächst nur die Rolle *Dozent* an. Die Rolle *Student* tritt erst auf, wenn Vorgänge stattfinden. Diese wurden in Abb. 4.2 gezeigt.

Die Datentypen in Abb. 4.3 haben überwiegend eine Semantik, die den Lesern geläufig sein dürfte. Erklärungsbedürftig erscheinen nur Begriffe der mittleren Spalte. Kennzeichen von BA-/MA-Abschlüssen ist die Variantenvielfalt, die zu Schwerpunkten der Abschlüsse führen kann. Sie tritt beim BA-Studium üblicher Weise nach dem Abschnitt *Kernfach* (meist 4 Semester) in der sog. *Profilphase* auf, in der Profile gewählt werden müssen. In diesem Fall hätte ein BA-Abschluss zwei *Abschnitte*. Der Begriff *Modul* ist gesetzlich vorgegeben, der Begriff *Element* aber eher unüblich. Mit der Aufzählung von nur drei möglichen Ausprägungen von „Element" dürfte verständlich werden, warum „Veranstaltung" eine schlechte Abstraktion wäre: Element = {Vorlesung, Seminar, …, Praktikum}. Wir zeigen in Kap. 5 die beiden Fallstudien, von denen die erste zu unserem Ausgangs-Datenentwurf [13] zu dem in Abb. 4.3 als endgültig bezeichneten maßgeblich beigetragen hat.

Ein bis in die Tiefe auskonstruiertes Referenzmodell dürfte für eine zukünftige Standardsoftware sehr wertvoll sein.

Fallstudien zur Evolution des Teilsystems Lehre 5

Die beiden Fallstudien sind in evolutionärer Eigenentwicklung entstanden. Sie befinden sich in den Universitäten Bielefeld (18.000 Studierende) und der TU Wien (37.000 Studierende) hochschulweit im Echtbetrieb. In Bielefeld wird eine Erstentwicklung betrieben (BIS, *Bielefelder Informationssystem*). Das Wiener System (TISS, *TU Wien Informations-Systeme und Services*) hatte deutlich schwierigere Bedingungen, weil es alte COBOL Systeme ablösen musste, die für Großrechner entwickelt waren. Damit musste die TU Wien eine sehr komplexe Datenmigration bewältigen [61]. Bei der tabellarischen Darstellung der Evolutionsstufen beider Systeme referenzieren wir die Grunddatentypen aus Abb. 4.1.

5.1 BIS

Die Entwicklung von BIS wurde bereits 1998 begonnen, als es noch kein BA-/ MA-System gab. Die erste produktive Version stand 2000 zur Verfügung. Der Betrieb startete als Stundenplanungssystem für Studierende des Lehramts, die wegen der Heterogenität ihrer zwei Pflicht-Wahlfächer von massiven Überschneidungen der in den Fakultäten zu absolvierenden Veranstaltungen betroffen waren. Dies beeinträchtigte die Studierbarkeit der Studiengänge erheblich. Der Betrieb begann als *Vorlesungsverzeichnis*. Die Veranstaltungen konnten frühzeitig vor Vorlesungsbeginn belegt und dadurch Überschneidungen weit gehend vermieden werden. Der zunächst einzige Promotor des Systems war der Direktor des Zentrums für Lehrerbildung.

BIS entwickelte sich erst ab 2004 zum System für BA-/MA-Studiengänge. Im August 2008 war ein BA-Abschluss Flächen deckend über alle Fakultäten möglich (Bericht in [12]). Eine grundlegend überarbeitete Modellierung der Grunddaten von *Studium* ging mit einer neuen (Rahmen-)Prüfungsordnung einher. Die

© Springer Fachmedien Wiesbaden 2015
T. Spitta et al., *Campus-Management Systeme als Administrative Systeme,*
essentials, DOI 10.1007/978-3-658-11595-1_5

Tab. 5.1 Evolution des Systems BIS, 1998–2014

Nutzerklasse	Funktion BIS	Grunddaten
(1) Belegung Veranstaltungen für Lehramts-Studierende		
Studierende(r)	Stundenplan, Belegung Veranstaltung	Student
Dozent	Beschreibung Veranstaltung, Teilnehmer, Kommunikation mit Studierenden	Element (s. Abb 4.3)
(2) Belegung Veranstaltungen für alle Fakultäten		+ Dozent
(3) Raumverwaltung		+ Raum
(4) Prüfungsverwaltung		+ Studium_v1
Studierende(r)	Prüfungsanmeldung, Transkript, Seminarzulassung, individuelle Noteneinsicht	
Dozent	Teilnehmermanagement, Veranstaltungsstatistik, Prüfung, Noteneingabe	Es werden vorhandene Grunddaten benutzt.
+ Prüfungsamt	Raumplanung für Prüfungen, Check Anmeldungen, Kontrolle Notenlisten, Zeugnisse	
(5) Studienmodellierung		+ Studium_v2 (s.[13])

Stufen der Entwicklung sind Tab. 5.1 zu entnehmen, die in der letzten Spalte den Bezug zu den Grunddatentypen aus Abb. 4.3 zeigt. Der Grunddatentyp *Studium_v2* (*Version2*) ist seit SS 2012 produktiv im Einsatz. Das System BIS kann für jeden Studierenden Studienergebnisse nach *Studium_v1* **und** *Studium_v2* abwickeln und zu einem Abschluss zusammen führen.

Tabelle 5.1 zeigt, dass das System an einem zentralen Problem mit nur einer Benutzergruppe ansetzte und sich schnell auf alle Fakultäten ausbreitete. Die ersten drei Ausbaustufen „umschifften" jedoch das Kernproblem eines CMS/Lehre, die Studienmodellierung. Die Erfahrungen der ersten fünf Einsatzjahre flossen in eine neue Modellierung ein, die auch als Basis für die erste Fassung des in Abb. 4.3 gezeigten Referenzmodells verwendet werden konnte. Die Modellierung für BIS (Stufe 5) nahm drei Jahre einer eigens dafür eingestellten Mitarbeiterin in Anspruch, die intensive Rückkoppelungen zu den Fakultäten hatte. BIS kann dank der Studienmodellierung heute rund 90 % aller Abschlüsse maschinell erstellen.

5.2 TISS

Die erheblich umfangreichere Entwicklung der TU Wien startete später (Projektplanung, Vorarbeiten Ende 2007, offizieller Projektstart 03/2008 – Bericht in [25]). TISS musste umfangreiche, Host-basierte Systeme mit einem Datei-orientierten Oracle-Datenbankschema ablösen, ebenso einen Web Client auf der Basis von DHTML. Zusätzlich zu beachten waren zahlreiche Randsysteme, die eine äußerst heterogene Basis hatten (u. a. Python, Ruby, Smalltalk). Umfassende Datenmigrationen waren zu bewältigen. Die Iterationsschritte der Neuentwicklung folgten auch der Ablösbarkeit von Komponenten der Altsysteme. TISS verfügt über ein gut ausgebautes Forschungsportal [65].

Die in Tab. 5.2 gezeigte Reihenfolge der Komponenten und Funktionen zeigt gegenüber BIS verschiedene, aber auch gemeinsame Aspekte:

Tab. 5.2 Evolution des Systems TISS/Lehre, 2008–2014

Nutzerklasse	Funktion TISS	Grunddaten
(1) Personaldaten		Student, Dozent
Alle Stakeholder	Adressbuch, Organisationsverzeichnis	
(2) Studienpläne (Curricula)		Studium
Projektteam	Studiengangsmodellierung in enger Abstimmung mit dem zweiten „Nutzer" →	
+ Prüfungsamt	Sorgfältige Validierung der Vorschläge	
(3) Lehrveranstaltungen		Element
Studierende(r)	Auswahl der Veranstaltungen, Laufende Information, Download Lehrmaterial	
Dozent	Beschreibung Veranstaltung, Teilnehmer, Kommunikation mit Studierenden, Statistiken	
(4) Prüfungsverwaltung		
Studierende(r)	individuelle Noteneinsicht	
Dozent	Prüfung, Noteneingabe	
Prüfungsamt	Kontrolle Notenlisten, Zeugnisse	
(5) Termin-und Raumplanung		Raum
Gebäudemanagement	Bearbeiten und Klären von Überschneidungen	
Prüfungsamt	Prüfen und Klären Lehrangebot gegen Studienplan	
(6) Anmeldung zu Lehrveranstaltungen und Prüfungen		Grunddaten vorh.
Studierende(r)	Stundenplan, Prüfungsanmeldung, Upload Aufgabenlösungen	
Dozent	Einteilung und Ansprache von Gruppen	
Prüfungsamt	Check Anmeldungen	
(7) Studienfortschritt und -abschluss		Grunddaten vorh.
Studierende(r)	Transkript Studienverlauf, Zeugnis	
Dozent	Statistiken	
Prüfungsamt	Kontrolle generierter Abschlüsse	

1. Man sollte mit den besonders wichtigen Grunddaten wenigstens konzeptionell beginnen. Dies ist ohne Zweifel der komplexe Datentyp *Studium*.

2. Neue Systeme setzen sich nur durch, wenn der Nutzer einen Mehrwert sieht, der aber bei reiner Grunddaten-Pflege für ihn nicht erkennbar ist. Stufe (2) ergibt als Anwendung für sich scheinbar wenig Sinn, hatte aber den Nutzen einer zentral zugänglichen Online-Information und war eine notwendige Infrastruktur für alle anwendungsbezogenen Iterationen.

3. Der Produktivbetrieb von Stufe (3) steht bei TISS auf einer besseren Grundlage als die ersten drei Stufen von BIS.

4. Stufe (4) schafft erstmals direkte Verbindungen zwischen Student und Lehrveranstaltung. Da hier Dokumente verwaltet werden, steigen ab diesem Punkt die Anforderungen hinsichtlich Revisionssicherheit und Archivierung stark.

5. Die Stufen (6) und (7) zeigen, dass auch die Ausweitung von Funktionen auf der Basis vorhandener Grunddaten sinnvolle Ausbaustufen sein können.

6. Die Anmeldung der Studenten – Stufe (6) – wurde bewusst als eigener Punkt gewählt. Selbst bei sorgfältiger Vorarbeit bei der Studienmodellierung fallen in diesem sensiblen Bereich zusätzliche Detailpunkte mit hohem Abstimmungsbedarf auf. Als Beispiel seien hier nur die Aufnahmebedingungen für eine Veranstaltung genannt. Selbst bei korrekter und gut implementierter Funktionalität entstehen Hochlastzeiten, wenn sich tausende Studierende für nur wenige Plätze interessieren. Dies stellt die Infrastruktur auf eine harte Probe.

7. Stufe (7) ist der „heilige Gral" des Subsystems Lehre eines CMS. In Wien wird eine Abdeckung von 80–90 % automatisierbarer Abschlüsse geschätzt. Wesentlicher Hinderungsgrund sind zahlreiche, variantenreiche Übergangsbestimmungen, die insbesondere seit der Einführung der BA/MA-Studien inflationär gebraucht werden. Im Übrigen decken sich die Erfahrungen mit BIS; siehe vorheriger Abschnitt.

5.3 Lessons Learned

Beide Fallstudien zeigen vier zentrale Punkte, die auch für andere Projekte wichtig sein dürften:

1. Die semantische Vorarbeit **Studienmodellierung** muss geleistet werden, bevor sich eine Hochschule auf den Weg eines CMS-Projekts begibt. Wir denken, hierzu einen Beitrag geleistet zu haben, der an anderer Stelle sehr genau dargestellt wird [15, 17].

2. Die **organisatorischen Implikationen** administrativer Softwaresysteme müssen gesehen und beachtet werden. Nur mit eindeutigen Verantwortlichkeiten bei der Datenerzeugung können solche Systeme erfolgreich sein.

3. Angesichts ihrer (Daten-)Komplexität ist für vermutlich die meisten Hochschulen nur eine **stufenweise Einführung** von CMS-Systemen praktikabel.

4. Campus-Management Systeme können **Routinetätigkeiten** bis hin zur Zeugniserstellung rationalisieren und objektivieren. Eine vollständige Automatisierung ist jedoch kein sinnvolles Ziel, da sie kreative Freiräume zerstören würde. Wenn von bspw. 1500 jährlichen Abschlüssen nur 150 „in die Hand genommen" werden müssen, können diese mitunter bedeutsamen Fälle mit der nötigen Sorgfalt entschieden werden, die man in der Masse nicht aufbringen könnte.

Fazit 6

Wir haben ausführlich – unter Bezug auf elementare Grundlagen der Datenbanktechnik – die Charakteristika Administrativer Systeme dargelegt. Es scheint so zu sein, dass Hochschulen mit deren Einführung und Betrieb gegenüber Unternehmen und großen Behörden Nachholbedarf haben.

Campus-Management Systeme sind wegen der hohen Anzahl zu buchender Vorgänge und der Spezifität der Grunddaten zur Lehre komplexe und damit teure Infrastrukturen. Da Standardsysteme sich erst entwickeln müssen, sind Einführung und Betrieb auch finanziell riskant. Standardsysteme können nur mit einer für das Kernsystem einheitlichen Datenbasis greifen. Dies bedeutet, dass Universitäten Ihre Prüfungsordnungen „auf den Prüfstand" stellen müssen (s. [13] und beide Fallstudien). Hinzu kommen Anforderungen an eine rechtssichere Archivierung von Daten, die zeitlich höher sind, als es das deutsche HGB für Unternehmen vorschreibt.

Wegen der Integration der Grunddaten besteht ein Campus-Management System aus den Teilsystemen *Lehre* und *Forschung*, sollte aber nicht mit den Diensten einer Bibliothek belastet werden. *E-Learning* hat seinen Schwerpunkt eher im Lernen, weniger in den gut standardisierbaren Teilen des Prozesses Lehre und sollte daher ebenfalls, wie *Bibliothek*, von getrennten Systemen unterstützt werden.

Trotz des innovativen Charakters von CMS lässt sich die Datenbasis mit hoher Wahrscheinlichkeit standardisieren. Dies ist uns mit deren Kern in einem empirisch validierten Forschungsprojekt gelungen und wird u. E. die Entwicklung von Standardsoftware erleichtern. Wir schätzen, dass sich etwa drei Systeme als Standardsoftware etablieren könnten, denn der Markt ist groß und die Nachfrage erheblich. Bis dahin müssen Hochschulen aber nicht untätig sein. Wenn man sie grob in zwei Klassen trennt, die „*Risiko-Aversen*" und die „*Entrepeneure*", die Chancen ergreifen wollen, gibt es zwei Handlungsoptionen:

© Springer Fachmedien Wiesbaden 2015
T. Spitta et al., *Campus-Management Systeme als Administrative Systeme,*
essentials, DOI 10.1007/978-3-658-11595-1_6

1. Erstere können eine informative „Glocke" über die Altsysteme stülpen, z. B. mit einem Data Warehouse. So gehen z. B. die Universitäten Göttingen [48] und Osnabrück [50] vor.

2. Die Entrepeneure könnten mit der Ablösung eines relativ einfachen HIS-Systems beginnen, dem in Kap. 1 inkriminierten System HIS-SOS. Auf diese Weise lernen sie den für ein evtl. zukünftiges Standardsystem ins Auge gefassten Lieferanten besser kennen und haben den hohen Nutzen eines Anschlusses an Hochschulstart.de.

Bezüglich des „Monopolisten" HIS GmbH halten wir die schon 1997 geäußerten institutionellen Bedenken aufrecht [55], auch wenn die Firma inzwischen als eG agiert.

Was Sie aus diesem Essential mitnehmen können

- Ein CMS ist für eine „Big-Bang" Einführung erheblich zu groß und die Organisation einer Hochschule dafür viel zu komplex.
- Ein CMS verlangt – wie jedes Administrative System – eindeutige Daten-Verantwortlichkeiten.
- Ohne Kenntnis der Objekttypen der Grunddaten und deren Redundanz-freie Pflege kann keine nachhaltige Architektur entstehen, die sich iterativ einführen ließe.
- Für wesentliche Teile eines CMS gelten die Grundsätze ordnungsgemäßer Buchführung (GoB), insbesondere für die Prüfungsverwaltung.
- Die Erzeugung abgeleiteter Daten kann durch späteres Einfügen von Methoden der Objekttypen ohne Gefährdung der Datenintegrität geleistet werden.

© Springer Fachmedien Wiesbaden 2015
T. Spitta et al., *Campus-Management Systeme als Administrative Systeme*,
essentials, DOI 10.1007/978-3-658-11595-1

Literaturverzeichnis

1. Asserson, A, Keith, J.: Current research information systems (CRIS): Past, present, future. Wissenschaftsmanagement **15**(1), 41–44 (2009)
2. Alt, R., Auth, G.: Campus-management-system. Wirtschaftsinformatik **52**(3), 185–188 (2010)
3. Appelrath, H.-J., Ritter, J.: R/3-Einführung. Springer, Berlin (2000)
4. Bick, M., Grechenig, T., Spitta, T.: Campus-Management-Systeme. In: Pietsch, W., Krams, B. (Hrsg.) Vom Projekt zum Produkt. Fachtagung Aachen, LNI 178, S. 61–78. Koellen, Bonn (2010)
5. Bieletzke, S., Deise, A.: Ganzheitlichkeit von Campus-Management Systemen als Akkreditierungsvorteil. Symposium Digitalisierung der Hochschule. http://www.ecampus24.eu/ (2009). Zugegriffen: 3. Mai 2013
6. Bittner, S., Hornbostel, S., Scholze, F. (Hrsg.): Forschungsinformation in Deutschland: Anforderungen, Stand und Nutzen existierender Forschungsinformationssysteme. Workshop iFQ Berlin (2012)
7. Bode, A., Borgeest, R. (Hrsg.): Informationsmanagement in Hochschulen. Springer, Berlin (2010).
8. Borgeest, R., Pongratz, H.: Austausch universitärer Kernsysteme. In: Bode, A., Borgeest, R. (Hrsg.) Informationsmanagement in Hochschulen, S. 13–26. Springer, Berlin (2010)
9. Böhm, B., Held, W., Tröger, B.: Integriertes Informationsmanagement einer großen Universität. In: Degkwitz, A., Schirmbacher, P. (Hrsg.) Informationsstrukturen im Wandel. Informationsmanagement an Deutschen Universitäten, S. 141–152. Bock & Herrchen, Bad Honnef (2007)
10. Breitner, M.H., Klages, M., Sprenger, J.: Wirtschaftlichkeit ausgewählter Campus-Management-Systeme – Auftrag der TU9. Institut für Wirtschaftsinformatik, TU Hannover. http://archiv.iwi.uni-hannover.de/cms/images/stories/upload/lv/sosem10/Systementwicklung/wacamas_finale_v-1_1kurz.pdf. Zugegriffen: 2. Mai 2013
11. Vom Brocke, J.: Referenzmodellierung. Gestaltung und Verteilung von Konstruktionsprozessen. Advances in information systems and management science 4. Zugleich Dissertation Universität Münster, Logos, Berlin (2002)
12. Brune, H., Jablonski, M., Möhle, V., Spitta, T., Teßmer, M.: Ein Campus-Management-System als evolutionäre Entwicklung. In: Hansen, H.R., Karagiannis, D., Fill, H-G. (Hrsg.) Business Services – Konzepte, Technologien, Anwendungen, Bd. 2, S. 483–492. 9. Int. Tagung Wirtschaftsinform. Wien (2009)

© Springer Fachmedien Wiesbaden 2015
T. Spitta et al., *Campus-Management Systeme als Administrative Systeme,*
essentials, DOI 10.1007/978-3-658-11595-1

13. Brune, H., Carolla, M., Spitta, T.: Studiengangsmodellierung – Ein implementierter Diskussionsansatz. GI – Rundbrief WI-MAW **19**(1), 14–24 (2013). http://pub.uni-bielefeld. de/publication/2670199. Zugegriffen: 30. Juni 2014

14. Carolla, M.: Controlling mit einem Campus Management System – Konzept und Implementierung zur Beurteilung eines Frameworks. Diplomarbeit Fakultät für Wirtschaftswissenschaften, Universität Bielefeld (Nov. 2009)

15. Carolla, M.: Ein Referenz-Datenmodell für Campus-Management-Systeme in deutschsprachigen Hochschulen. Dissertation, Universität Bielefeld, Fakultät für Wirtschaftswissenschaften (2014) (Erschienen: Baumöl, U., vom Brocke, J., Jung. R. (Hrsg.) Series Advances in Information Systems and Business Engineering. Springer Gabler, Berlin (2015)). http://www.springer.com/de/book/9783658093464. Zugegriffen: 10. April 2015

16. Carolla, M., Spitta, T.: Methodological aspects of a data reference model for campus-management systems. GI – Rundbrief WI-MAW **20**(2), 15–27 (2014). http://pub.uni-bielefeld.de/publication/2698378. Zugegriffen: 14. Feb. 2015

17. Carolla, M., Spitta, T. (2014a) Validation data of a reference model for campus-management systems. Publizierte Forschungsdaten zu [15]. http://pub.uni-bielefeld.de/ data/2698627. Zugegriffen: 13. Okt. 2014

18. Charette, R.N.: Why software fails. IEEE. Spectr. **42**(9), 42–49 (2005)

19. Elmasri, R.; Navathe, SB.: Grundlagen von Datenbanksystemen, 3. Aufl. Pearson, München (2009)

20. Ernst & Young: Campus-Management zwischen Hochschulautonomie und Bologna-Reform. http://www.ey.com/Publication/vwLUAssets (2011). Zugegriffen: 24. Mai 2013

21. EuroCris: www.eurocris.org. Zugegriffen: 17. Okt. 2013.

22. Ferstl, O.K., Sinz, E.J.: Grundlagen der Wirtschaftsinformatik, 5. überarb. und erw. Aufl. Oldenbourg, München (2009)

23. Fischer, H., Hartau, C.: STiNE an der Universität Hamburg – Zur Einführung eines integrierten Campus Management Systems. In: Hansen, H.R., Karagiannis, D., Fill, H-G. (Hrsg.) Business Services – Konzepte, Technologien, Anwendungen, Bd. 2, S. 533–542. 9. Int. Tagung Wirtschaftsinform. Wien (2009)

24. Grechenig, T., Bernhart, M., Breiteneder, R., Kappel, K.: Softwaretechnik – Mit Fallbeispielen aus realen Entwicklungsprojekten. Pearson Studium, München (2010)

25. Grechenig, T., Spitta, T., Suppersberger, M., Kleinert, W., Steininger, R., Kier, C., Pöll, M.: Entwicklung und Betrieb eines Campus-Management-Systems. In: Brandt-Pook, H., et al. (Hrsg.) Nachhaltiges Software Management, S. 135–152. Fachtagung Bielefeld, LNI 209. Koellen, Bonn (2012)

26. Guizzardi, G.: Ontological Foundations for Structural Conceptual Models. CTIT Ph.D.-thesis series No. 05-74. Centre for Telematics and Information Technology, University of Twente (2005)

27. Guizzardi, G., Pinheiro das Gracas, A., Guizzardi, R.S.S.: Design patterns and inductive modeling rules to support the construction of ontologically well-founded conceptual models in OntoUML. In: Salinesi, C., Pastor, O. (Hrsg.) Advanced information systems engineering workshops, LNBIP Bd. 83, S. 402–423. Springer, Berlin (2011)

28. Hansen, H.R., Karagiannis, D., Fill, H-G. (Hrsg.): Business Services – Konzepte, Technologien, Anwendungen, Bd. 2. 9. Int. Tagung Wirtschaftsinform. Wien (2009)

29. Heidemann, S.: Informationen zur Führung einer Fakultät – Erprobung eines Frameworks. Diplomarbeit Fakultät für Wirtschaftswissenschaften, Universität Bielefeld (2010)

30. Helmut-Schmidt-Universität Hamburg: Empfehlung für die Auswahl eines Software-systems Prüfungsverwaltung/Campusmanagement (Sommer). www.hsu-hh.de/campus-portal/index_V6lDrbV51OIcKbVm.html (2006)
31. Herwig, S., Becker, J.: Einführung eines Forschungsinformationssystems an der West-fälischen Wilhelms-Universität Münster – Von der Konzeption bis zur Implementierung. In: Bittner, S., Hornbostel, S., Scholze, F. (Hrsg.): Forschungsinformation in Deutsch-land: Anforderungen, Stand und Nutzen existierender Forschungsinformationssysteme, S. 41–53. Workshop iFQ Berlin (2012)
32. Herwig, S., Höllrigl, T.: „All roads lead to Rome": Establishing best practices for the implementation and introduction of a CRIS: Insights and Experience from a CRIS Pro-ject at the University of Münster. In: Jeffery K., Dvorák, J. (Hrsg.) E-infrastructures for research and innovation: Proceedings of 11th International Conference on Current Research Information Systems, S. 93–102, Prague (2012)
33. Hochschulrektorenkonferenz (HRK): Für eine Reform der Lehre in den Hochschulen. Beschluss v. 22.4.2008. http://www.hrk-bologna.de/bologna/de/download/dateien/rleh-rebeschluss2008.pdf. Zugegriffen: 3. Mai 2013
34. Horstmann, W., Jahn, N.: Persönliche Publikationslisten als hochschulweiter Dienst – Eine Bestandsaufnahme. BFP. **34**, 185–193 (2010)
35. Hucke, S.: Unterstützung des Lehrprozesses einer Fakultät durch Führungsinformatio-nen – Informationskonzept und teilweise Implementierung eines Frameworks. Diplom-arbeit Fakultät für Wirtschaftswissenschaften, Universität Bielefeld (2010)
36. Janneck, M., et al.: Von Eisbergen und Supertankern: Topologie eines Campus-Ma-nagement-Einführungsprozesses. In: Hansen, H.R., Karagiannis, D., Fill, H-G. (Hrsg.) Business Services – Konzepte, Technologien, Anwendungen, Bd. 2, S. 453–462. 9. Int. Tagung Wirtschaftsinform. Wien (2009)
37. Klug, H.: Erfolgsfaktoren bei der Umstellung von Informationssystemen an Hochschu-len. In: Hansen, H.R., Karagiannis, D., Fill, H-G. (Hrsg.) Business Services – Konzep-te, Technologien, Anwendungen, Bd. 2, S. 473–482. 9. Int. Tagung Wirtschaftsinform. Wien (2009)
38. Labitzke, S., Nussbaumer, M., Hartenstein, H., Juling, W.: Integriertes Informations-management am KIT – Was bleibt? Was kommt? In: Bode, A., Borgeest, R. (Hrsg.) Informationsmanagement in Hochschulen, S. 35–46. Springer, Berlin (2010)
39. Lackhoff, M.: Bibliothekssoftware. www.lackhoff.de/biblsoft.html. Zugegriffen: 21. März 2014
40. Lehman, M.M.: Programs, life cycles, and laws of software evolution. Proc. IEEE. **68**(9), 1060–1076 (1980)
41. Lehner, F., Wildner, S, Scholz, M.: Wirtschaftsinformatik – Eine Einführung, 2. Aufl. Hanser, München (2008)
42. Lewerenz, A.: Forschungsdatenbank der Freien Universität Berlin. In: Bittner, S., Horn-bostel, S., Scholze, F. (Hrsg.): Forschungsinformation in Deutschland: Anforderungen, Stand und Nutzen existierender Forschungsinformationssysteme, S. 79–89. Workshop iFQ Berlin (2012)
43. Mertens, P.: Schwierigkeiten mit IT-Projekten der öffentlichen Verwaltung. Inform. Spektrum **35**(6), 433–446 (2012)
44. Mertens, P.: Integrierte Informationsverarbeitung 1 – Operative Systeme in der Indust-rie, 18. Aufl. Springer, Wiesbaden (2013)

45. Neubauer, K.W.: Informationsinfrastruktur für Bibliotheken in Deutschland. b.i.t.online **16**(5), 363–376 (2013)

46. Oevel, G., Toschläger, M.: Einführung eines prozessorientierten Campusmanagement an der Universität Paderborn – ein Erfahrungsbericht. In: Degkwitz, A., Klapper, F. (Hrsg.) Prozessorientierte Hochschule, S. 128–145. DINI, Bock & Herchen, Bad Honnef (2011)

47. Ortner, E., Söllner, B.: Semantische Datenmodellierung nach der Objekttypenmethode. Inform. Spektrum **12**(1), 82–92 (1989)

48. Radenbach, W.: Integriertes Campus Management durch Verknüpfung spezialisierter Standardsoftware. In: Hansen, H.R., Karagiannis, D., Fill, H-G. (Hrsg.) Business Services – Konzepte, Technologien, Anwendungen, Bd. 2, S. 503–512. 9. Int. Tagung Wirtschaftsinform. Wien (2009)

49. Razum, M., Simons, E., Horstmann, W.: Exchanging research information. http://driver-repository.be/media/docs/KEIRstrandreportExchangingResearchInfoFINALFeb07.pdf. Zugegriffen: 19. Okt. 2013

50. Rieger, B., Haarmann, T., Höckmann, E., Lüttecke, S: Data Warehouse basierte Entscheidungsunterstützung für das Campus-Management an Hochschulen. In: Hansen, H.R., Karagiannis, D., Fill, H-G. (Hrsg.) Business Services – Konzepte, Technologien, Anwendungen, Bd. 2, S. 523–532. 9. Int. Tagung Wirtschaftsinform. Wien (2009)

51. Schäfer, J. P., Grauer, M. (Hrsg.): Universitätsverwaltung und Wirtschaftsinformatik. Proceedings, Siegen (1995)

52. Schilbach, H., Schönbrunn, K., Strahringer, S.: Off-the-shelf applications in higher education: a survey on systems deployed in Germany. In: Abramowicz, W., Flejter, D. (Hrsg.) BIS 2009 Workshop, LNBIP 37, S. 242–253. Springer, Berlin (2009)

53. Sinz, E., Krumbiegel, J.: Gestaltung qualitätsgesicherter Universitätsprozesse am Beispiel des Prozesses ‚Lehre und Studium‘. In: Schäfer, J. P., Grauer, M. (Hrsg.) Universitätsverwaltung und Wirtschaftsinformatik, S. 15–32. Proceedings, Siegen (1995)

54. Spitta, T.: Software Engineering und Prototyping – Eine Konstruktionslehre für administrative Softwaresysteme. Springer, Berlin (1989)

55. Spitta, T.: Standardsoftware zur Verwaltung und Führung von Fakultäten. Eingeladener Vortrag GI '97, Aachen. In: Univ. Bielefeld, Fakultät für Wirtschaftswissenschaften, Diskussionspapier 354 (1997). http://pub.uni-bielefeld.de/publication/2669574. Zugegriffen: 29. April 2014

56. Spitta, T., Mordau, J.: Entwicklung und Ergebnisse eines allgemeingültigen Fachkonzeptes für die Prüfungsverwaltung an Hochschulen. In: Schäfer, J. P., Grauer, M. (Hrsg.) Universitätsverwaltung und Wirtschaftsinformatik, S. 128–147. Proceedings, Siegen (1995). http://pub.uni-bielefeld.de/publication/2669014. Zugegriffen: 13. Okt. 2014

57. Spitta, T.: Sechs Jahre Anwendungsentwicklung mit Prototyping – Revision von Begriffen und Konzepten. In: Züllighoven H., Altmann W., Doberkat E.-E. (Hrsg.) Requirements Engineering '93, Berichte des German Chapter of the ACM 41, S. 49–66. Teubner, Stuttgart (1993). http://pub.uni-bielefeld.de/publication/1780993. Zugegriffen: 12. Feb. 2015

58. Spitta, T., Carolla, M., Brune, H., Grechenig, T., Strobl, S., vom Brocke, J.: Campus-Management Systeme. Inform. Spektrum **38**(1), 59–68 (2015)

59. Spitta, T., Summann, F.: Campus-Management- und Bibliothekssysteme. b.i.t.online **18**(3), 241–249 (2015)

60. Sprenger, J., Klages, M., Breitner, M.H.: Wirtschaftlichkeitsanalyse für die Auswahl, die Migration und den Betrieb eines Campus-Management-Systems. Wirtschaftsinformatik **52**(4), 211–224 (2010)
61. Strobl, S., Bernhart, M., Grechenig, T., Kleinert, W.: Digging deep: software reengineering supported by database reverse engineering of a system with 30+ years of legacy, S. 407–410. IEEE Conference on Software Maintenance 2009. Edmonton, Canada
62. (Der) Tagesspiegel, im Nov. 2011: http://www.tagesspiegel.de/wissen/studienplatzvergabe-start-des-neuen-bewerbungsportals-erneut-verschoben-/5968096.html. Zugegriffen: 9. Mai 2014
63. Trampusch, C., Busemeyer, M.R.: Einleitung: Berufsbildungs- und Hochschulpolitik in der Schweiz, Österreich und Deutschland. Swiss Polit. Sci. Rev. **16**(4), 597–615 (2010)
64. TU München: Hintergrundinformationen zum Projekt CM@TUM (19.02.2008). https://portal.mytum.de/iuk/cm/dokumente/00.allgemein. Zugegriffen: 2. Mai 2013
65. TU Wien: Forschungsportal. https://tiss.tuwien.ac.at/research/main.xhtml. Zugegriffen: 30. Sept. 2013
66. UB Braunschweig: Bibliotheks-Datenbank. www.allegro-c.de. Zugegriffen: 21. März 2014
67. Vossen, G.: Datenmodelle, Datenbanksprachen und Datenbankmanagementsysteme, 5. Aufl. Oldenbourg, München (2008)
68. (Die) ZEIT, 14.11.2013: http://www.zeit.de/studium/hochschule/2013-11/bewerbungportal-hochschulstart. Zugegriffen: 9. Mai 2014